RELATION

DE LA

CAMPAGNE DE RUSSIE

(1812-1813)

PAR UN TÉMOIN OCULAIRE

PUBLIÉE PAR

A. CORNEREAU

MEMBRE DE LA COMMISSION DÉPARTEMENTALE DES ANTIQUITÉS

DIJON

LIBRAIRIE LAMARCHE

Place Saint-Etienne

—

1893

RELATION

DE LA

CAMPAGNE DE RUSSIE

(1812 - 1813)

(Extrait de la *Revue Bourguignonne de l'Enseignement supérieur*, année 1893.)

RELATION

DE LA

CAMPAGNE DE RUSSIE

(1812-1813)

PAR UN TÉMOIN OCULAIRE

PUBLIÉE PAR

A. CORNEREAU

MEMBRE DE LA COMMISSION DÉPARTEMENTALE DES ANTIQUITÉS

DIJON

IMPRIMERIE DARANTIERE

65, Rue Chabot-Charny, 65

—

1893

Le 22 juin 1812, l'empereur Napoléon Ier déclarait la guerre à
la Russie. Deux jours après, le 24, toute l'armée française, forte
d'environ 500.000 hommes, troupes alliées comprises, passait le
Niémen (1) à Kowno (2) et à Tilsitt (3). C'est alors que commence
cette terrible campagne de Russie si désastreuse pour la France,
et qui devait avoir pour conséquences, dix-huit mois plus tard,
l'invasion du territoire français, la capitulation de Paris et l'abdication de l'empereur.

Un témoin oculaire de cette mémorable campagne, le capitaine
Prétet, du 93me de ligne, en a fait l'historique dans une lettre adressée par lui à un de ses neveux, et datée de Grünberg (4) en Silé-

(1) Le Niémen, fleuve de la Russie et de la Prusse, prend sa source en
Russie, dans les forêts marécageuses du district d'Igoumen, gouvernement
de Minsk, non loin du village de Doghinitchi. Il devient navigable à Stolbizy,
et se jette dans la mer Baltique après un cours de 700 kilomètres environ.

(2) Kowno, chef-lieu de gouvernement, à 809 kilomètres S.-O. de Saint-
Pétersbourg, et à 1053 de Moscou, sur la rive droite du Niémen, au confluent
de la Vilia.

(3) Tilsitt, sur le Niémen et la Tilse. C'est dans cette ville que fut signé, le
7 juin 1807, le traité de paix entre la Russie et la Prusse d'une part, et la
France de l'autre.

(4) Grünberg, ville de la province de Silésie, près de la rive gauche de
.l'Oder, sur le chemin de fer de Breslau à Berlin.

sie, du 13 juin 1813 : une copie de cette lettre appartient à la bibliothèque de Dijon (Fonds Baudot, n° 259) ; c'est elle que nous reproduisons ci-après.

Grünberg, en Silésie, le 15 juin 1813.

Mon cher et estimable neveu, j'ai reçu votre lettre du 5 février dernier ; il y a quinze jours seulement qu'elle m'est parvenue, avec deux autres de mon frère d'une date encore plus reculée ; qu'importe son retard : elle me fait le plus grand plaisir possible, car je n'espérois plus en recevoir de vous, puisque c'est absolument l'unique qui me soit parvenue ; celles que vous me dites m'avoir adressées seront restées dans les bureaux. Je ne vous cacherai pas que ce silence de votre part me fesoit croire que vous ne vouliez pas m'écrire ; mais je ne pouvois me rendre compte de ce qui pouvoit l'occasionner, d'autant plus que je ne pensois jamais vous avoir donné lieu à être indisposé contre moi. Je m'en suis même plaint une fois d'une manière très amère en écrivant à mon neveu Monnot ; je vois à présent, à mon grand regret, que je vous faisois injure, puisque, sans presque me connoitre, vous m'avez conservé votre amitié. Vous ne m'avez vu qu'une seule fois : vous ne pouviez guère juger si je méritois votre attention ; mais ma nièce, que devois-je penser d'elle ? elle n'est plus la même à mon égard, me disois-je à moi-même, moi qui l'aime si affectioné- ment. J'étois aussi trompé sur son compte ; les tendres sollicitudes qu'elle n'a cessé d'avoir sur les misères que je pouvois ressentir dans la campagne me le font bien croire. Dites-lui les choses les plus sensibles de ma part ainsi qu'à son frère Monnot, je les aime autant que j'aimerois mes propres enfans, si j'en avois, toujours disposé à leur en donner des preuves dans l'occasion ; à défaut d'une grande fortune à leur offrir, je conserverai toujours pour eux les plus tendres sentiments ; qu'ils ne m'épargnent pas, si je puis leur être utile, tout ce que je possède est à leur service comme à mes autres parens, frère, etc. J'apprends avec plaisir que votre famille est augmentée d'un second fils, mais je suis on ne peut plus peiné de la maladie qui assiège votre aîné, lui qui étoit si intéressant lorsque je le vis; la belle saison l'aura sans doute rétabli, ce qui me fait espérer que sa santé sera meilleure lorsque vous recevrez ma lettre, je les embrasse tous les deux et leur souhaite un prompt amandement: je me fais d'avance une fête de les voir un jour, si je suis assez heureux pour obtenir une retraite au printemps prochain.

Vous me demandez, mon cher neveu, des détails sur la pénible campagne de Russie. Je vais vous satisfaire autant qu'il me sera possible, mais particulièrement dans ce qui m'est relatif. Je ne veux par conséquent guère m'attacher qu'aux détails des événements qui ont parus sous mes yeux, et auxquels j'ai participé.

Je vous préviens que tout ce que je pourrai vous dire ne peut encore vous donner qu'une bien faible idée des misères et désagréments en tous genres occasionnés par cette trop terrible campagne, dans laquelle les faits militaires, contre l'ordinaire des campagnes précédentes, tiennent la moindre place, si on veut les comparer aux souffrances incompréhensibles qui les ont dépassé de beaucoup: car excepté les batailles de Viteps (1), Smolensko (2), et la Moskowaw (3), ainsi que les différents combats qui ont eu lieu devant Polosk (4), les autres affaires ont été peu de chose, à part cependant le passage en retraite, mais glorieux de la Bérézina (5). Je dois dire néanmoins que l'avantage des

(1) Vitebsk ou Vitepsk, sur la Dzvina, chef-lieu du gouvernement de ce nom, à 730 kilomètres de Saint-Pétersbourg.

(2) Smolensk, à 581 kilomètres S.-S.-E. de Saint-Pétersbourg et à 371 kilomètres O.-S.-O. de Moscou, sur le Dniepr.

(3) La Moskowa ou Moskva prend sa source près du village de Popofka, dans le gouvernement de Smolensk, passe à Moscou où elle devient navigable, et se jette dans l'Oka après un cours de 470 kilomètres environ.

(4) Polotzk, ville du gouvernement de Vitebsk, au confluent de la Polota, sur la rive droite de la Duna ou Dvina occidentale.

(5) Affluent du Dniepr supérieur, la Berezina prend sa source dans le district de Dissna, du gouvernement de Minsk: navigable depuis Borisof au

armes a été constamment pour nous, et toutes les fois que l'ennemi a paru en présence, il n'a cessé d'être culbuté même dans
nos moments les plus critiques. Mais, hélas ! la rigueur indomp-
table du climat nous attendoit et nous devions nécessairement
subir les revers qu'ont presque toujours éprouvé les armées qui
se sont éloignées à une aussi grande distance de leur capitale :
Moscou est à 600 lieues de Paris : quelle armée au monde a fait
tant de chemin en si peu de temps.

Je vais commencer à vous dire, mon cher neveu, que l'armée
française étoit, à son passage du Niémen le 24 et 25 juin, forte
au moins de cinq cent mille hommes, alliés compris (1) : une aussi
nombreuse armée fut lancée en Russie sans avoir aucun vivre assuré ; on ne pouvoit non plus compter en trouver dans le pays que
nous traversions, qui étoit absolument abandonné des habitants,
qui malheureusement avoient pour la plus part détruits les ressources et brûlé leurs maisons sur notre passage, suivant en cela
l'avis pernicieux qui leur en avoit été donné ; malheureusement
le peuple esclave croit tout, et obéit aveuglement : dans cette
pénible circonstance, source de nos malheurs, c'étoit aux chefs
de corps d'aviser au moyen de faire subsister leurs troupes res-
pectives. Ce détail épineux étoit confié aux commandans de compagnie qui envoyoient des maraudes armées chercher sur les
flancs de la colonne les subsistances nécessaires, tant pour eux
que pour ceux qui restoient dans le rang : cette manière de se
procurer des vivres n'étoit pas sans danger puisque souvent les

N.-E. de Minsk, elle se jette dans le Dniepr près d'Orcha, dans le gouvernement de Mohilef, après un parcours de 500 kilomètres environ.

(1) La grande armée comprenait 10 corps d'armée commandés : le 1er par
le prince d'Eckmühl, le 2e par le duc de Reggio, le 3ᵃ par le duc d'Elchingen,
le 4e par le vice-roi d'Italie (prince Eugène), le 5e par le prince Poniatowski,
le 6º par le comte Gouvion Saint-Cyr, le 7e par le général Reynier, le 8e par
le roi de Westphalie (Jérôme Bonaparte), le 10e par le duc de Tarente.

Le 9e était en formation et devait être placé sous les ordres du duc de
Bellune (Victor).

paysans animés par les Bœroun (1) disputoient, comme de juste, leurs petites propriétés contre les maraudeurs et s'ils n'étoient pas assez forts, ils s'en vengeoient impitoyablement sur le malheureux isolé qui passoit après.

Les maraudes (2) étoient quelquefois trois où quatre jours sans pouvoir retrouver la colonne : en les attendant il falloit se passer de vivres, officiers comme soldats : tous vivoient par cette source ; encore souvent, ils n'apportoient rien et arrivoient avec le quart plus ou moins de leur monde en pertes ; quelquefois aussi ces maraudes étoient heureuses et apportoient dans un moment de quoi vivre plusieurs jours. Je puis néanmoins dire sans crainte

(1) L'auteur du manuscrit a probablement voulu parler des barines, terme qui signifie maître ou seigneur.

(2) Une lettre de Napoléon adressée le 3 septembre au major général indique bien les dangers auxquels les soldats envoyés en fourrageurs étaient exposés et les pertes qu'ils subissaient.

Ghjat, le 3 septembre 1812.

Au major général,

Mon cousin, écrivez aux généraux commandant les corps d'armée que nous perdons tous les jours beaucoup de monde par le défaut d'ordre qui existe dans la manière d'aller aux subsistances ; qu'il est urgent qu'ils concertent avec les différents chefs de corps les mesures à prendre *pour mettre un terme à un état de choses qui menace l'armée de sa destruction ; que le nombre des prisonniers que l'ennemi fait se monte chaque jour à plusieurs centaines ;* qu'il faut, sous les peines les plus sévères, défendre aux soldats de s'écarter, et envoyer aux vivres, comme l'ordonnance prescrit de le faire pour les fourrages, par corps d'armée quand l'armée est réunie, et par division quand elle est séparée ; qu'un officier général ou supérieur doit commander le fourrage pour les vivres, et qu'une force suffisante doit protéger l'opération contre les paysans et les cosaques ; que le plus possible, quand on rencontrera des habitants, on requerra ce qu'ils auront à fournir, sans faire plus de mal au pays ; enfin que cet objet est si important, que j'attends du zèle des généraux et des chefs de corps pour mon service, de prendre toutes les mesures capables de mettre un terme au désordre dont il s'agit. Vous écrirez au roi de Naples qui commande la cavalerie qu'il est indispensable que la cavalerie couvre entièrement les fourrageurs, et mette ainsi les détachements qui iront aux vivres à l'abri des cosaques et de la cavalerie ennemie. Vous recommanderez au prince d'Eckmühl de ne pas s'approcher à plus de deux lieues de l'avant-garde. Vous lui ferez sentir que cela est important pour que les fourrageurs n'aillent pas aux vivres trop près de l'ennemi. *Enfin vous ferez connaitre au duc d'Elchingen qu'il perd tous les jours plus de monde que si on donnait bataille,* qu'il est donc nécessaire que le service des fourrageurs soit mieux réglé et qu'on ne s'éloigne pas tant (V. Thiers, tome XIV, p. 301).

de m'écarter que cette manière de nous procurer des vivres a ôté au moins un bon 12e de l'armée. Ensuite nous n'avions pas d'hôpitaux ; comment en établir dans un pays déjà désert par sa position affreuse et absolument vuide d'habitans par leur émigration aux approches de notre armée : nos malades mourroient par conséquent par les chemins faute des secours de l'art et de traitement de toute espèce. Cette malheureuse circonstance nous a enlevé un autre bon 12me. Je passe maintenant aux pertes occasionnées par le feu de l'ennemi, ce qui a pu ôter, tant en morts qu'en blessés, un bon quart de l'armée.

Notre marche en avançant fut très rapide jusqu'à Polosk où l'ennemi avoit un corps d'armée assez conséquent, commandé par le général de Winchinklen (1), bon général ; le 2me corps de notre armée commandé par le duc de Reggio (2) (Oudinot) fut désigné pour lui faire face et soutenir cette importante position sur la Duina (3), aussi ce corps a-t-il éprouvé de grandes pertes par la multitude de combats qu'il a été obligé de soutenir et livrer dans cette position où il a resté toute la campagne. Ce corps étoit aussi à portée de se soutenir mutuellement avec le corps du duc de

---

(1) Louis-Adolphe-Pierre, prince de Wittgenstein, né en 1769, commandait, en 1812, les troupes chargées de couvrir Saint-Pétersbourg contre l'invasion française. En 1813 il assista aux batailles de Lutzen, Bautzen et Leipzig et prit part à la campagne de France en 1814. Créé feld-maréchal en 1825, il fut retraité en 1829 et mourut en 1843.

(2) Oudinot (Nicolas-Charles), né à Bar-le-Duc le 25 avril 1767, s'engagea à 17 ans et prit part à toutes les campagnes de la République et de l'Empire. Toujours remarqué pour sa bravoure et ses talents militaires, il fut, après Wagram, créé maréchal et duc de Reggio.

Commandant le 2e corps d'armée, lors de la campagne de Russie, il fut blessé à la bataille de Polosk, puis plus tard au combat de la Bérézina : il fit encore les campagnes de 1813 et 1814.

Nommé ministre d'Etat à la Restauration, il refusa de servir Napoléon pendant les cent jours. Nommé Grand Chancelier de la Légion d'Honneur en 1839 et gouverneur des Invalides en 1842, il mourut le 15 septembre 1847. Dans le cours de sa carrière militaire, il avait été blessé 35 fois.

(3) Formée par la réunion de la Vitchegda et de la Soukhona, près de Solvytchegodsk, gouvernement de Vogolda, la Dvina se jette dans la mer Blanche après un parcours d'environ 560 kilomètres. La bataille de Polotzk fut livrée le 18 août.

Tarente (1) (Magdonal) placé devant Riga (2). Le gros de l'armée fut dirigé de suite sur Viteps où le 4me corps débusqua l'ennemi après un combat vigoureux de 8 heures; c'étoit le prince Eugène (Buarnais) (3) qui le commandoit : l'empereur y étoit en personne : le plus fort de l'affaire eut lieu au village d'Ostrowo (4) ; le 3e corps, duquel je faisois partie, arriva sur ce champ de bataille au moment où l'ennemi étoit en déroute, et rentroit en confusion dans Viteps (5). Nous avions cependant marché deux jours et deux nuits sans nous arrêter pour venir à cette affaire : il y eut ensuite 12 jours de repos, sans doute par rapport aux maladies qui nous désoloient, ou peut-être autant pour attendre le grand nombre de traîneurs que nos marches forcées avoient nécessairement laissés en arrière. Le 3e corps fut campé pendant ce temps à Liozen (6). L'ennemi se retira incontinent sur Smolensko, place forte et une des plus commerçantes villes de Russie sur le Boris-

(1) Macdonald (Etienne-Jacques-Joseph Alexandre), d'origine écossaise, naquit à Sedan le 17 novembre 1765. Colonel à Jemmapes, en 1792, général en 1793, on le retrouve en Hollande, en Italie, en Autriche et en Espagne.

Créé maréchal et duc de Tarente après la bataille de Wagram, il commanda le 10e corps pendant la campagne de Russie.

Pair de France à la Restauration, il fut chargé du licenciement de l'armée de la Loire, puis nommé grand chancelier de la Légion d'Honneur, le 10 janvier 1816. Il mourut le 24 septembre 1840, à Courcelles (Loiret).

(2) Riga, chef-lieu du gouvernement de Livonie, à 834 kilomètres O.-N.-O. de Moscou, sur les deux rives de la Dvina.

(3) Fils d'Alexandre Vte de Beauharnais et de Joséphine Tascher de la Pagerie, Eugène de Beauharnais naquit le 3 septembre 1781. Sa mère ayant, le 9 mars 1796, épousé le général Bonaparte qui venait d'être nommé au commandement en chef de l'armée d'Italie, il devint son aide de camp.

Elevé à la dignité de prince à la création de l'Empire, il fut nommé viceroi d'Italie en 1805. Il prit une part très active à la campagne de Russie ; à la Restauration il se retira à Munich, où il prit le titre de duc de Leuchtenberg. Il mourut en cette ville le 26 février 1824.

(4) Ostrowno, bourg du gouvernement de Mohilef, à 6 kilomètres de la rive gauche de la Dvina, sur le lac Ostrovinskoïe (Combat du 25 juillet 1812).

(5) Au combat d'Ostrowno, l'armée russe était commandée par le général Barclay de Tolly, un des meilleurs officiers russes de son temps.

(6) Lioutzen ou Lioutzin, ville du gouvernement de Vitebsk, à 220 kilomètres de cette ville, sur le bord du lac Louga qui se déverse par la Lja dans la Velikaïa.

thène, dit Nieper (1). Ce fut le 14 août que nous le trouvâmes vers le soir, à 8 lieues de cette ville. On lui prit dix pièces de canon et quelques centaines de prisonniers. Il n'y eut rien le 15 : le 16 le combat s'engagea encore, mais il devint une bataille des plus opiniâtres les 17, 18, 19. C'étoit comme un tremblement de terre autour de Smolensko où le 1er corps commandé par le prince d'Ekmül (Davoust) (2) fit beaucoup sur sa partie droite : une partie de notre corps seulement étoit engagé sous les murs à une fusillade terrible, l'autre partie en observation, mais à portée de recevoir les coups de gros calibre, puisque notre colonel eut un cheval tué sous lui : notre régiment, comme vous le voyez, étoit en observation ; jusqu'au 18 au soir qu'il marcha avec la division pour débusquer l'ennemi par le flanc gauche de la ville, toute cette malheureuse cité étoit embrasée ; on ne pouvoit presque passer, les morts embarassoient les rues ; le 19 au matin nous poursuivîmes l'ennemi très vivement pendant 4 lieues lorsque tout d'un coup il s'arrêta pour nous faire face sur une hauteur appelée Mont-Sacré. Cet endroit inspiroit beaucoup de confiance aux Russes pour y avoir gagné, dit-on, plusieurs combats sur les Suédois et Polonais dans des guerres précédentes. Vous aurez vus les détails de cette affaire dans une lettre que j'ai en-

(1) Le Dniepr ou Dnieper sort du lac Mchara dans le gouvernement de Smolensk où il devient navigable. Il passe à Kief où on le traverse sur un pont de bateaux de 1000 mètres et va se jeter dans la mer Noire, après un parcours d'environ 1950 kilomètres. Les anciens lui donnaient le nom de Borysthène.

(2) Davout (Louis-Nicolas) naquit à Annoux (Yonne), le 10 mai 1770. Entré comme cadet-gentilhomme à l'école de Brienne, le 27 septembre 1780, il s'y trouva le condisciple de Bonaparte.

Sous-lieutenant le 2 septembre 1788, il fut, trois ans après, élu lieutenant-colonel du 3e bataillon des gardes nationales de l'Yonne. Général en 1793, on le retrouve en Egypte, en Italie, en Autriche et en Prusse où il se fit toujours remarquer par sa valeur.

Nommé duc d'Auerstaedt après Iéna, le 14 octobre 1806, et prince d'Eckmül après la bataille de ce nom, le 3 octobre 1807, il fut désigné pour commander le 1er corps de l'armée envoyée en Russie où il assista à presque toutes les batailles de cette campagne.

Ministre de la guerre le 21 mars 1815, il se retira dans ses terres après la chute de l'empire et mourut le 1er juin 1823.

voyée à Monnot je crois le 2 ou le 3 septembre (1). Notre régiment fut 7 heures en prise dans cette position contre un gros d'ennemis considérable où il perdit 500 hommes, j'y reçus moi-même une contusion à la hanche gauche qui me gêna assez pendant quelques jours pour marcher, mais qui n'arrêta pas mon service. Ce fut à la revue que l'empereur passa quelques jours après, pour suite de cette affaire, que je reçus la décoration. Le régiment fut on ne peut pas mieux accueilli de sa magesté, et en reçut les marques les plus sensibles de sa bienveillance.

Après cette bataille qui avoit duré quatre jours consécutifs, l'ennemi ne trouva plus, ou ne voulut plus trouver de champ de bataille avant le Moskouauw (2), à 80 lieues de Smolensko. Il ravageoit et brûloit tout sur son passage, croyant toujours nous ôter les ressources, sans même épargner trois assez jolies villes qui furent réduites en cendres par le soin de ses indignes agens, Dorogobuin (3), Viazema (4) et Ayac (5). Nous marchâmes sans relâche jusqu'à portée de nombreux retranchemens construits sur cette rivière (la Moskouauw) qui n'est néanmoins qu'un ruisseau dans cet endroit, mais cette position avoit l'avantage de couvrir les principaux chemins qui conduisent à Moskou qui en est à 24 lieues. Le combat s'engagea fortement le 5 septembre vers les 4 heures du soir et dura jusque bien avant dans la nuit : les retranchemens avancés furent pris par le 1er corps.

Pendant la journée du 6 il n'y eut que quelques petites escarmouches sur la ligne (6). Toute l'armée fut réunie pendant la

(1) Ce combat connu sous le nom de bataille de Valoutina eut lieu le 19 août, il fut des plus meurtriers pour les deux armées, et, d'après Thiers, coûta 6000 à 7000 hommes aux Russes comme aux Français.

(2) La bataille dite de la Moskova, du 7 septembre 1812, eut lieu près du village de Borodino. C'est sous ce nom qu'elle est désignée par les Russes.

(3) Dorogobouj, ville du gouvernement et à 88 kilomètres de Smolensk, sur les deux rives du Dniepr qui y devient navigable.

(4) Viazma, ville du gouvernement de Smolensk, à 150 kilomètres de cette ville, sur la Viazma, affluent du Dniepr.

(5) Ghjat, ville du gouvernement de Smolensk, non loin de Mojaick et de Borodino.

(6) Par une sorte de consentement mutuel, dit Thiers, on laissa s'écouler la

nuit dessous les retranchemens enlevés la veille, pour fondre sur l'ennemi au jour, ce qui s'effectua, car dès les 4 heures du matin, le 7, on entendit les premiers coups de la plus terrible bataille qui se soit donnée de la vie, suivant l'avis de tous ceux qui l'ont vue. L'armée russe couvroit la route de Moscou et avoit devant elle différentes lignes de retranchemens. Le premier corps de notre armée tenoit la droite avec la masse de cavalerie et beaucoup d'artillerie : le 4e corps occupoit la gauche et le 3e corps commandé par l'intrépide général Ney (1) étoit placé au centre vis-à-vis le chemin de la capitale : c'est de ce corps que notre régiment a fait partie toute la campagne. Je ne puis guère rendre compte ou étoient placés les autres corps qui étoient à cette mémorable bataille, ils n'étoient pas éloignés, puisque nous nous trouvions tous réunis dans un très petit espace ; qu'importe, tous ont donné dans cette journée, excepté l'infanterie et quelques escadrons de cavalerie de la garde qui ont constamment restés en observation. Pour en revenir au fait de cette si célèbre bataille (mais qui l'auroit été davantage si elle eut décidé la paix),

journée du 6 sans tirer un coup de fusil, mais si les Français employèrent la journée à se reposer et à jouir des vivres ramassées la veille, les Russes tristes, exaspérés, résolus à mourir, étaient à genoux devant une image miraculeuse de la madone de Smolensk sauvée, disait-on, sur les ailes des anges, de l'incendie de la cité infortunée (V. Thiers, tome XIV, p. 317).

(1) Ney (Michel) naquit à Sarrelouis le 10 janvier 1769. Engagé comme simple hussard le 1er février 1787, il était capitaine en 1794.

Remarqué par Kléber, il devint rapidement général, puis maréchal, à la création de l'empire. Partout il fit preuve d'un courage, d'un sang-froid et d'une intrépidité extraordinaires.

Créé duc d'Elchingen en 1805, il fut désigné pour commander le 3e corps lors de la campagne de Russie pendant laquelle il fit des prodiges de valeur, soit au temps de l'offensive, soit pendant la retraite, où il contribua à sauver les restes de l'armée.

Surnommé le Brave des Braves à la suite de la bataille de la Moskova, il fut créé prince de ce nom.

Après l'abdication de l'empereur qu'il avait conseillée, il fut nommé pair de France, mais il reconnut Napoléon 1er au retour de l'île d'Elbe. Retiré en Auvergne après la seconde restauration, il fut arrêté et traduit devant un conseil de guerre qui se déclara incompétent : la Chambre des pairs le condamna à mort, et il fut fusillé le 7 décembre 1815.

notre 3ᵉ corps placé au centre se trouvoit précisément ou se don-
noit le plus fort de l'affaire. Je crois qu'il n'y a pas eu de foudre
comparable au carnage qui se faisoit sur ce point : plusieurs redoutes placées très distinctement devant nous, de manière à
découvrir facilement les canons et bayonnettes dont elles étoient
érissées furent destinées pour le corps du maréchal Ney. Cet
illustre général nous fit marcher par trois lignes pour les prendre
d'assaut ; aussitôt une ligne affoiblie elle étoit remplacée par la
suivante, tandis que l'autre venoit se rallier derrière, ainsi de
suite pour revenir successivement marcher en avant ; il faut dire
que ces lignes étoient à portée des coups des ennemis et en étoient
terriblement endommagées ; ces retranchemens furent pris et
repris plusieurs fois et sans la brave artillerie de la garde qui
pendant plus de 8 heures fit un feu continuel, et roulant sans
déranger ses batteries (1), et les fréquentes charges de cavalerie
que fit exécuter le vaillant roi de Naples (2) qui paraissoit presque toujours à leur tête, nous aurions eu peine à nous rendre
maitres de ces redoutes : les malheureux russes qui les défen-
doient, absolument entassés les uns sur les autres et ivres comme
des bêtes, ne nous portoient plus que des coups mal assurés : de
notre côté nous devions nécessairement avoir plus de sang-froid

(1) Il y avait 88 pièces de canon en batterie.
(2) Murat (Joachim) naquit à la Bastide-Fortumière (Lot), le 25 mars 1768.
Engagé au régiment des Ardennes il était, en 1789, maréchal des logis, mais
il dut quitter le service. Deux ans après, il fut désigné pour faire partie de
la garde constitutionnelle de Louis XVI : à la dissolution de cette garde, le
30 mai 1792, il fut nommé sous-lieutenant dans un régiment de chasseurs,
chef d'escadrons en 1795, colonel l'année suivante, il est choisi par Bonaparte
pour premier aide de camp et quelque temps après le 18 brumaire, il épouse
Caroline, sœur du premier consul.
Créé Grand Duc de Clèves et de Berg en 1806, il est, le 1ᵉʳ août 1808, pro-
clamé roi des deux Siciles. Commandant la cavalerie à la campagne de Russie,
il montra sa bravoure ordinaire, mais à la fin de la campagne il regagne ses
Etats et abandonne Napoléon 1ᵉʳ pour se joindre aux armées alliées.
Privé de son trône par le congrès de Vienne, il appelle l'Italie aux armes.
Battu le 2 mai 1815 par l'armée autrichienne, il se réfugie en Corse. Le 8 octo-
bre il aborde en Italie, mais, arrêté et traduit devant une commission militaire, il est condamné à mort et fusillé le 13 octobre 1815.

qu'eux (1), la plus part nous n'avions rien dans le ventre, tel qu'il en soit, nous leur fesions infiniment plus de mal, car on tuoit de ces malheureux russes autant qu'on vouloit, aussi les retranchemens étoient jonchés de leurs morts et blessés, comme je vous le dis, et nous fesoient beaucoup moins de mal : nous n'avions pas le quart de leurs pertes encore la plus part en blessés, heureusement qu'ils étoient moins adroits que nous, car par leur position avantageuse, nous aurions tous péri sous leurs coups. Le maréchal Ney se portoit toujours à la tête des lignes lancées en avant : il devoit être atteint cent fois, mais sans doute que la fortune ou plutôt la providence nous le conservoit pour nous tirer des plus grands dangers comme vous le verrez ci-après (2).

(1) Le jugement porté par Thiers ne ressemble en rien à celui du capitaine Prétet : l'opiniâtreté des Russes, dit-il, quoiqu'elle n'eût rien d'inattendu, avait un caractère sinistre et terrible qui lui (Napoléon) inspirait de sérieuses réflexions, car pour l'honneur de la nature humaine, il y a, dans le patriotisme vaincu mais furieux, quelque chose qui impose même à l'agresseur le plus audacieux (Thiers, vol. XIV, p. 346).

(2) La bataille de Borodino ou de la Moskowa eut lieu le 26 août 1812 (7 septembre).

Un monument commémoratif de cette célèbre bataille fut élevé en 1839 aux environs de Borodino, à 11 kilomètres de Mojaisk.

Quant au monument, dit A. Rambaud dans son ouvrage intitulé Français et Russes, c'est une haute colonne de granit, si je ne me trompe, portée sur un piédestal de fer et surmontée d'une espèce d'ananas en fer. Sur les huit faces de la colonne autant d'inscriptions. Sur la première l'image du Christ, avec ces mots qui rappellent le caractère religieux que les Russes ont voulu donner à cette guerre de délivrance.

1° En lui est le salut — Bataille de Borodino — 26 août 1812.

Les autres inscriptions se présentent dans l'ordre suivant et sont ainsi conçues :

2° 1838 — la patrie reconnaissante à ceux qui ont sacrifié leur vie sur le champ d'honneur : 3 généraux russes tués, 12 blessés : parmi les soldats, 15,000 tués, 30,000 blessés.

3° Ils ont reculé avec gloire pour vaincre plus sûrement : il est entré en Russie 554,000 hommes : il en est sorti 79,000.

4° L'Europe a pleuré ses braves fils tombés dans les champs de Borodino. L'ennemi a eu 9 généraux tués, 30 blessés, 20,000 hommes tués ; 40,000 blessés.

5° France, Italie, Naples, Autriche, Bavière, Wurtemberg, Saxe, Westphalie, Prusse, Hollande, Espagne, Portugal, Pologne, Suisse, Confédération germanique, en tout vingt nations. Elles ont mis en ligne : infanterie, 145,000 hommes ; cavalerie, 40000 ; canons, 1000.

6° L'ambition sans bornes qui avait épuisé l'Europe s'est apaisée dans les

Ce fut vers les 3 heures de l'après-midi que je reçu une balle dans la cuisse droite me trouvant absolument à brûle-bout : elle n'eut pas assez de chasse pour traverser la partie supérieure de la cuisse ou elle s'étoit fixée, s'arrêta malheureusement à deux pouces et demi de l'autre côté ; je fus emporté de suite de la mêlée (c'étoit au pied de la redoute n° 3) par mes sous-officiers ; arrivé à l'ambulance j'eus la fermeté, sans consulter la douleur de l'opération et contre l'avis que beaucoup me donnoient, de faire arracher la balle aussitôt, ce qui m'auroit procuré une bien plus prompte guérison si les misères et fatigues que j'ai essuyées dans notre retraite malheureuse ne m'eussent fait rouvrir deux fois la blessure, mais j'aurois été encore plus malheureux si j'avois écouté les conseils de ceux qui m'engageoient à laisser le plomb dans la chair. Jamais la supuration n'auroit pu le jeter, comme on m'a dit après, et je serois immencablement resté en Russie comme tant de blessés que j'ai vus préférer être en but à un avenir cruel plutôt que soumettre leur sensibilité à un instant de souffrance à la vérité un peu terrible. J'en juge à présent par expérience. Pour en revenir à l'action de la bataille, l'ennemi fut forcé de lâcher prise vers les cinq heures et demie du soir, qu'il se retira dans le plus grand désordre sur la route de Moscou : on le poursuivit si vivement qu'il fut obligé d'abandonner ses blessés : les chemins en étoient couverts ; le nombre des morts étoit extraordinaire. On peut sans exagérer porter la perte des russes à

solitudes de l'Océan, Moscou pris par l'ennemi le 2 septembre 1812. Alexandre Ier entré à Paris le 19 mars 1814.

7° Moururent pour la patrie: les généraux Bagration, Toutchkof Ier, Touchkof IV ; le comte Koutaïsof. — A tous les autres, Gloire !

8° Koutouzof — Barclay de Tolly — Bagration — Les Russes ont mis en ligne : infanterie, 85,000 hommes ; cavalerie, 18,200 ; cosaques, 7000 ; milices, 10,000 ; canons, 640.

Ces chiffres ajoute Rambaud, sont fort inexacts: voici ceux auxquels s'arrête un historien russe, M. Bogdanovitch : Russes: infanterie, 72,000 ; cavalerie, 17,500 ; artillerie et pionniers, 14,300 ; cosaques, 7000 ; milices, 10,000 ; canons 640 ; Français : infanterie, 86,000 ; cavalerie, 28,000 ; artillerie et pionniers, 16,000 ; canons, 587.

Le général Bagration fut enseveli au pied de l'obélisque.

2*

50,000 hommes (1) ; la nôtre n'étoit pas au tiers, et plus de blessés que de morts, qui malheureusement sont toujours restés faute de soin : on avoit jamais vu un aussi grand nombre de morts dans un si petit espace (2), on ne pouvoit passer dans différens endroits ou les bataillons en entier avoient succombé et presque tous de la garde impériale russe ; elle a fortement donné dans cette affaire.

Je laisse l'armée filer sur Moscou et je reviens à ma triste position ; la grande quantité de blessés qui se trouvoient encombrés sur le champ de bataille m'obligea moi-même à rester deux jours sur ce champ, aussi malheureux que célèbre et sans presque savoir sur quel point me diriger. Le peu de maisons qui avoisinoient étoient remplies des blessés de la veille, puisqu'il n'y avoit pas de moyens d'évacuation. Cependant mon domestique à force de chercher, m'ayant trouvé une petite voiture assez semblable aux brouettes de votre pays, me mit dessus et me conduisit à Mosaik (3) petite ville en avant sur le chemin de Moscou : qu'elles me semblèrent longues ces deux lieues ! combien les cahos me firent souffrir et que de malheureux je vis en fesant ce trajet ; la garde imperiale occupoit tout le logement de cette ville. Je fus encore obligé, vû cette circonstance, de bivouaquer quatre jours dans un jardin, toujours dans ma misérable voiture. J'eus cependant un petit coin sur de la paille le cinquième jour dans une maison abandonnée. C'étoit comme partout ailleurs ; les habitants s'étoient tous sauvés, encore heureux qu'ils n'avoient pas mis le feu à leur

(1) Thiers donne comme certains les chiffres ci-après. Pour la France 9000 à 10,000 morts, 20,000 à 21,000 blessés et pour la Russie 60,000 hommes hors de combat.

L'armée française eut 47 généraux et 37 colonels tués ou blessés et l'armée russe à peu près autant ; d'un côté comme de l'autre les chefs avaient donné l'exemple et courageusement payé de leur personne.

(2) L'empereur, dit le général de Ségur, ne put évaluer sa victoire que par les morts. La terre était tellement jonchée de français étendus sur les redoutes qu'elles paraissaient leur appartenir plus qu'à ceux qui restaient debout. Il semblait y avoir là plus de vainqueurs tués que de vainqueurs vivants.

(3) Mojaisk, à 130 kilomètres O.-S.-O de Moscou, au confluent de la Mojaicka et de la Petrofka avec la Moskva, affluent de l'Oka.

maison ; on me leva le premier appareil le huitième jour après ma blessure : mes douleurs qui avoient été très vives jusqu'alors diminuèrent de jour en jour, de manière que 15 jours après je me sentis capable à soutenir la voiture pour faire le voyage de Moscou, c'est-à-dire que la misère qui m'accabloit en cet endroit me décida à en partir plus tôt : les administrations ne pouvoient plus nous donner de vivres, et il étoit absolument impossible d'en trouver pour or ni argent : les chirurgiens étoient si rares aussi, qu'on ne pouvoit plus en trouver pour se faire panser. J'arrivai dans cette superbe Moscou (1) le 3 octobre, mais je n'en vis que les malheureux restes, puisqu'elle fut livrée aux flammes, comme vous l'aurez appris dans le tems, par les abominables soins du prince Constantin (2), deux jours après l'arrivée des français, croyant par cette mesure tyrannique en envelopper une partie dans ce vaste incendie, en détruisant les ressources de ceux qui resteroient (3). Quelques centaines de brigans condamnés à mort eurent leur grâce à condition qu'aussitôt leurs chaînes brisées ils se disperseroient dans les différens quartiers de la ville pour exécuter cette affreuse manœuvre à l'heure convenue, chacun d'eux ayant son endroit assigné, ce qui ne fut que trop bien suivi, car

(1) Ancienne capitale de la Russie, Moscou, sur la Moskva, est à 588 kilomètres de Saint-Pétersbourg. En 1812 elle comptait 250,000 habitants en été en 400,000 en hiver ; dévorée par le feu le 16 septembre 1812, elle se reconstruisit rapidement : elle a aujourd'hui 753,000 habitants.

(2) Le capitaine Prétet se trompe en attribuant l'incendie de Moscou au prince Constantin, frère de l'empereur. Il fut allumé par les ordres de Fœdor Rostopchin qui était gouverneur de la ville, et qui pensait arrêter l'armée française en détruisant tout sur son passage.

(3) Le général de Ségur, à l'encontre du capitaine Prétet, approuve hautement l'incendie de Moscou.

On n'ignore pas, dit-il, que le comte Rostopschin a écrit qu'il était étranger à ce grand événement ; mais on a dû suivre l'opinion des Russes et des Français, témoins et acteurs de ce grand drame. Tous, sans exception, persévèrent à attribuer à ce seigneur l'honneur entier de cette généreuse résolution. Plusieurs semblent même croire que le comte Rostopschine, toujours animé de ce noble dévouement, qui désormais rendra son nom impérissable, ne refuse aujourd'hui l'immortalité d'une si grande action, que pour en laisser toute la gloire au patriotisme de la nation, dont il est devenu l'un des hommes les plus remarquables (De Segur, *Hist. de Napoléon et de la grande armée*).

tout fût presque embrasé à la fois. Quelques colonels russes et
a-t-on assuré plusieurs généraux de cette nation étoient restés également dans la ville pour faire réussir cette exécrable exécution :
tous ces indignes agens du crime n'étoient pas, comme vous le
pensez bien, l'élite du peuple russe : ils étoient tous dirigés par
l'indigne cupidité des promesses qui leur avoient été faites par le
trop célèbre Constantin (1), qui, comme le disent les gens instruits
du pays, « ce prince extraordinaire possède malheureusement tous
les crimes de la civilisation sans en pratiquer aucune vertu » ;
enfin une des plus belles villes du monde, ouvrage de tant de siè-
cles, fut aux trois quarts réduite en cendres, malgré les soins em-
pressés des français pour éteindre le feu : il n'y périt personne :
l'empereur Napoléon et toute sa cour eurent le tems de sortir de
son palais pour se retirer dans une maison de campagne ; il rentra
néanmoins quelques jours après au Kremelingue (2) ou il a demeuré tout le tems que l'armée a séjourné à Moscou (3). Je restai
19 jours dans cette ville, logé dans un faubourg épargné par le
feu ou le régiment tenoit quartier depuis trois semaines. J'étois
assez bien dans cette position, nageant dans le superflu comme huit
jours auparavant, j'étois plongé dans la misère ; aussi ma blessure commençoit à se fermer lorsque l'on reçut tout d'un coup
l'ordre de se retirer sur Calouga (4) : mais malheureusement nous
ne pûmes faire que deux marches par cette route, le corps d'armée russe en Moldavie, commandé par le fameux Gutusof (5) qui

(1) Le grand duc Constantin était d'un caractère violent et emporté, il
était connu pour son excessive sévérité militaire, mais le capitaine Prétet,
dans le jugement qu'il porte sur lui, voit peut-être un peu trop l'ennemi de
la France et l'auteur, selon lui, de l'incendie de Moscou.

(2) Kremlin, nom générique de toutes les enceintes fortifiées de la Russie
ancienne.

La citadelle de ce nom à Moscou s'élève sur une colline, au sommet de la
boucle orientale de la Moskova.

(3) L'empereur revint au Kremlin le 16 septembre.

(4) Kalouga, chef-lieu de gouvernement, à 160 kilomètres S.-O. de Moscou,
sur la rive gauche de l'Oka.

(5) Koutousof-Smolenskoi (Michel), né en 1745, entra au service dès l'âge de
16 ans.

venoit de faire la paix avec les Turcs, étoit venu, à marches forcées, couper ce point de retraite que l'empereur Napoléon avoit
choisi, ce qui obligea l'armée française de revenir passer en entier
à Mosaik et reprendre le même chemin qui nous avoit amené à
Moscou (1) ou tout étoit brûlé, ravagé et par conséquent denué de
toute subsistance sur ce passage, pour l'armée qui étoit presque
encore à moitié de sa force primitive. Ce fut là le commencement
de la grande ruine : le froid extraordinaire qui survint tout à
coup (2) mit le comble à son malheur. Les chemins étoient couverts chaque jour d'hommes et de chevaux morts et mourants qui
ne pouvoient espérer aucun secours : il faut avoir vu ce désastre
pour en juger. On mouroit de faim comme de froid puisque l'on
couroit les plus grand dangers en s'écartant pour aller chercher
des vivres : ces lâches cosaques étoient partout ; c'étoit leur moment car ils ne valent absolument rien que pour affliger une armée aussi malheureuse ; ils n'ont jamais eu assez de cœur pour
se présenter en ligne devant nous. Leur métier peut plutôt être
regardé comme brigands que soldats.

Pour débarrasser les chemins et accélérer notre marche on bru-
loit chaque jour des voitures ainsi que les belles et riches marchan-
dises enlevées à Moscou : il n'y avoit guère que les convois d'artillerie et les convois conduisant des blessés qui étoient respectés ;
encore avoit-on soin de les visiter souvent pour voir s'ils ne pouvoient marcher. Dans cette occurrence de choses j'avois conservé
ma voiture attelée d'un bon cheval acheté à Mosaik. Je vins de

Ambassadeur à Constantinople en 1793, gouverneur militaire de Saint-Pétersbourg en 1801, il fit en 1805 la campagne d'Autriche et en 1811 celle de
Turquie, terminée par le traité de Bucharest, le 28 mai 1812.

Nommé généralissime de l'armée russe, il mourut à Bunzlau en Silésie,
en 1813.

(1) La retraite commença le 19 octobre au départ de Moscou et dès le 27,
l'armée dut revenir en arrière pour passer par Mojaisk.

(2) L'hiver commença dès le 7 novembre : le froid devint bientôt des plus
vifs et la température s'abaissa jusqu'à 30 degrés Réaumur.

cette manière jusqu'à Smolensko (1), suivant toujours le gros de l'armée, dans la crainte d'être pris par des partis de cosaques qui flanquoient sans cesse notre marche. Je manquois néanmoins de tout : je donnois chaque jour à mon domestique une bien faible ration du peu de vivres que j'avois conservé pour le soutenir, car le malheureux ne dormoit ni jour ni nuit, dans la crainte qu'on ne me prit mon cheval : quant à moi, ma nourriture étoit du thé, seule ressource que j'avois : j'ai vécu à peu près douze jours avec cette seule nourriture, je m'en suis bien trouvé. J'arrivai à Smolensko le 6 novembre : le froid étoit si violent et la neige si abondante que les roues de ma voiture ne pouvoient plus tourner. Je pris le parti de me reposer le 7, par rapport à mon cheval : le 8 et le 9 je ne pus faire que 5 lieues ; mon pauvre cheval périt de froid comme de faim.

Il n'y avoit même plus de paille sur les toits des maisons. J'aurois péri moi-même par la même circonstance, si je n'eus trouvé dans ce moment critique un sergent du régiment qui me voyant en ce triste état me dit : « *Capitaine, je vois votre malheur, je ne vous abandonnerai qu'à la mort.* » Ce sont ses propres paroles ; il me fit part des subsistances qu'il avoit et m'aida à marcher avec mon domestique : ils me portoient pour ainsi dire, car vous pensez bien que mon cheval mort, il me fallut mettre pied à terre et marcher pour la première fois depuis ma blessure. Je n'eus pas fait deux lieues qu'elle fut rouverte. J'eus le bonheur néanmoins de trouver dans ce moment fatal un traîneau attelé d'un cheval et quelques provisions que je payai bien cher à quelques maraudeurs polonais, ou plutôt brigands, car ils venoient sans doute de dépouiller quelqu'autre malheureux. Je fis par ce moyen dix lieues sans

(1) L'ancienne enceinte de la ville, longue de 5 kilomètres, était flanquée de 17 tours, reste des 36 qui existaient primitivement et percée de cinq portes.

Cinq brèches rappellent les assauts subis par la ville de la part de l'armée de Napoléon 1er. Pendant la retraite de Russie, la ville fut occupée le 17 novembre 1812 par le corps d'armée du maréchal Ney qui à son départ fit sauter une partie des fortifications.

m'arrêter, toujours accompagné de ce brave sergent : je me croyais sauvé, mais point du tout, un plus grand désagrément m'attendoit devant Crasnoué (1). Les cosaques tenant la route devant cette ville, seul passage qu'il y eut pour les voitures, ils avoient braqué là des canons qu'ils nous avoient pris la veille : une charge terrible eut lieu (2) : nous nous trouvions plus de 1000 voitures ou traîneaux entassés dans ce coin : il y avoit bien aussi une multitude de soldats, mais tous fuyards, et plus disposés à se sauver qu'à nous défendre : ces malheureux trouvoient également leur mort dans leur fuite : nous étions donc entourés de toute part sans aucun secours : je crus dans cette terrible extrémité trouver mon salut en abandonnant mon pauvre traîneau et le peu de vivres qu'il me restoit, ne pouvant absolument passer le défilé avec. Je marchai toute la nuit du 10 parmi les traverses, pour venir reprendre la route de Dombrovau (3), ville la plus voisine, toujours soutenu par cet estimable sous-officier et mon domestique, autrement je n'aurois pu marcher, mais quel chagrin n'eus-je pas deux jours après, que ce tant brave sergent tomba subitement malade au point de ne pouvoir plus soutenir un instant la marche. Je jugeai que c'étoit une fluxion de poitrine : je le sollicitai assez à prendre courage : ses forces étoient épuisées ; j'eus la cruelle douleur de le laisser moribond dans une chaumière à côté du chemin, ce qui me fit la plus sensible peine que je crois avoir éprouvée dans ma vie militaire, il m'avoit rendu tant de services et pour ainsi dire sauvé la vie ou tout au moins le désagrément d'être fait prisonnier de guerre : après ce malheur qui avoit retardé ma marche un jour, je vins le plus vite qu'il me fut possible et sans prendre aucun repos jusqu'à Orza (4), ville sur la rive droite du

(1) Krasnoë, petite ville à 44 kilomètres S.-O. de Smolensk.
(2) 19 novembre.
(3) Doubrovno, bourg du gouvernement de Mohilef, au confluent du Dniepr et de la Dombrovenka, à 18 kilomètres d'Orcha.
(4) Orcha, petite ville du gouvernement de Mohilef, sur le Dniepr, au confluent de l'Orchitza.

Boristhène aux confins de la Lithuanie : je me trouvai là avec le restant du régiment qui venoit d'être sauvé des plus grands périls par l'incomparable maréchal Ney. Son corps d'armée, ou plutôt les malheureux débris avoient été cinq ou six jours entourés d'un gros d'ennemis dix fois plus fort que lui : sa fermeté et les heureuses dispositions qu'il sut prendre dans un moment si critique, ou peut-être tout autre n'auroit pensé qu'à se rendre, le sauvèrent d'un pas aussi dangereux : il put braver les promesses de l'ennemi car il eut plusieurs parlementaires pour le solliciter à se rendre ; mais rien ne put l'ébranler : il leur fit cette réponse « *que quand il voudroit se rendre, ses soldats ne le voudroient pas, qu'ils se feroient jour avec leurs bayonnettes* », réponse qui le couvrit de gloire, car en passant de bouche en bouche, elle l'immortalisa dans l'esprit du soldat qui s'en sentit allumé. Chacun d'eux jurèrent eux-mêmes de se défendre jusqu'à la mort, plutôt que de se livrer à la discrétion de mauvais soldats en grand nombre, qui ne se sentirent pas le courage de s'opposer au passage d'une poignée de braves. Le maréchal Ney sortit de ce pas en suivant toujours le Boristhène, le passant au besoin pour protéger sa retraite. Jamais personne ne s'est trouvé dans une position semblable. Ce brave général vint recevoir le tribut de cette action près de S. M. l'Empereur qui l'attendait à Orza depuis près de 48 heures, qui lui dit : « *je crois sentir en vous voyant le plus beau moment de ma vie ; je n'espérois plus rien sur vous, je vous comptois perdu* ». Telles furent ses paroles : le danger de ce corps d'armée avoit été si évident, que les régiments qui perdirent leurs aigles n'en eurent aucuns reproches, contre l'ordinaire des pertes de cette nature qui sont toujours très mal reçues de S. M., mais, comme dit l'empereur, « *Tout est relatif aux circonstances, et celle-ci mérite des sacrifices.* » Mon régiment qui étoit présent sauva la sienne : on la fit sortir du bout de la pique soigneusement caché dans un sac, afin de pouvoir l'enterrer au cas ou il auroit fallu se rendre : au moins l'ennemi n'auroit pu s'approprier la gloire de posséder celle du 93ᵉ régiment.

Pour en revenir à ma marche particulière je partis d'Orza avec
les pauvres débris du régiment bien décidé à ne le plus quitter
tel qu'il m'en arrive : on marcha à très grandes journées jusqu'à
Borizof (1). C'est le premier corps qui fit l'arrière-garde : toute
l'armée fut arrêtée près de cette ville pendant trois jours pour le
passage de la Bérézina (2). Les corps venant de Moscou étoient
restés à très peu de chose puisqu'ils avoient eu à soutenir dans
leur retraite, outre le froid et la faim, plusieurs combats dans
lesquels ils avoient toujours battu les partis ennemis qui s'étoient
trouvés devant eux pour s'opposer à leur marche, mais néanmoins
ces combats les affaiblissoient beaucoup puisqu'en outre des morts
dans ces affaires, il falloit laisser les blessés faute de transport.
Le 2ᵉ corps venoit de Polosk et le 9ᵉ de Viteps : ils firent leur
jonction de retraite avec le restant de la grande armée à ce malheureux passage : ils nous furent d'un grand secours puisque
nous n'avions plus ni canon, ni cavalerie et peu de bayonette. Ces
deux corps ayant moins souffert, n'étant pas allé aussi loin et
n'ayant presque pas manqué de vivres avoient encore par conséquent de l'artillerie et un peu de cavalerie, défendirent ce passage
pendant deux jours : il falloit que toute l'armée défile par deux
mauvais ponts très mal assurés dont les glaçons entrainoient à
chaque instant des morceaux, ce qui interrompoit notre marche
déjà trop lente : il faisoit un froid si persant que les ouvriers ne
pouvoient presque pas travailler ce qui faisoit que la moindre
réparation demandoit un tems infini. Figurez-vous que de chaque
côté de ces ponts, le terrain étoit marécageux de manière qu'il
falloit les plus grands soins pour ne pas engloutir les voitures et
chevaux à ne pouvoir les sortir : plusieurs eurent ce désagréable

(1) Borissof, ville du gouvernement de Minsk, à 80 kilomètres de cette ville,
au confluent de la Skha et de la Bérézina.

(2) Le passage commença le 26 novembre et dura jusqu'au 29 au matin. Il
se fit par deux ponts construits avec les plus grandes difficultés par les pon-
tonniers sous les ordres du général Eblé, à l'endroit où le général Corbineau
avait découvert un gué.

sort. Transportez votre imagination sur ce lieu désolé pour vous faire une idée de notre triste situation : elle étoit affreuse, jamais position ne fut plus alarmante : nous n'avions pas seulement une chaumière pour nous mettre à l'abri du cruel froid et de la neige qui tomboit et retirer nos malheureux blessés. L'ennemi tenoit les routes de toute part : nous devions par conséquent tous succomber : l'empereur lui-même ne devoit pas sortir de ce pays dangereux (1) si les russes avoient eu le moindre courage : ils ont prouvé dans cette occasion leur peu de valeur ou leur peu d'énergie : cette circonstance est à leur honte car nous serions été à leur place, aucun d'eux n'échappoit : mais point du tout, ce fut dans ce moment de crise que le 2ᵉ corps fit près de 4000 hommes prisonniers : cette prise très conséquente pour la position présente étoit néanmoins embarassante, la disette de vivres étoit si grande, comment les conserver ; nous n'avions déjà aucune subsistance pour nous, par conséquent rien à leur donner ; ne sachant qu'en faire après les avoir désarmés, on fut contraint de les laisser aller ; malgré ce glorieux exploit, il fallut néanmoins se presser d'effectuer la retraite : on la dirigea sur l'ancienne route de Wilna (2) seul chemin qui fut encore à notre pouvoir et encore très facile à couper si les russes avoient valu quelques choses, puisque cette route étoit longée de chaque côté, pendant près de deux grandes lieues, par des marécages impraticables et plus coupée par une infinité de ponts très étroits : ces ponts ayant été abattus, il leur étoit facile de le faire ayant dominé ce chemin par avant, alors nous étions forcés de nous rendre, et plus d'armée française. Il fallut donc exécuter la retraite et couper les ponts bien vite qui

(1) Napoléon dut d'avoir échappé, par une scène sanglante, au plus humiliant, au plus accablant des désastres. Cette tragique fin couronnait dignement cette terrible campagne, et malheureux par sa faute, Napoléon restait grand néanmoins ! Il devait donc remercier tout le monde, car il était ce jour-là, plus que dans ses plus éclatantes victoires, l'obligé de ses généraux, de ses soldats, de ses alliés eux-mêmes (V. Thiers, tome XIV, p. 638).

(1) Wilna, sur la Vilia, à 928 kilomètres S.-O. de Saint-Pétersbourg.

commençoient à être fortement endommagés par le feu de l'ennemi qui avoit tourné ses batteries dessus. Nous avïons encore près de 1000 personnes au delà de la Bérézina et un grand nombre de voitures et bagages de toutes espèces lorsqu'on fut forcé comme vous le voyez de sacrifier cette portion en coupant les ponts (1) pour empêcher l'ennemi qui les dominoit d'en profiter pour passer la rivière et nous poursuivre. Quelle cruelle situation pour les infortunés que la circonstance obligeoit d'abandonner et quelle souffrance en général pour tout le reste de l'armée absolument dénuée de toute sorte de vivres sans aucun secours et presque sans espérance : la misère ou pour mieux dire la détresse étoit si grande qu'il n'y eut plus de mesure dans la marche : chacun la précipitoit suivant ses forces pour s'acheminer sur Wilna : la plus part de nos généraux avoient pour ainsi dire perdu la tête et étoient, comme tous les autres, en quelque sorte démoralisés. Le maréchal Ney qui étoit presque le seul qui, suivant les apparences avoit conservé son bon sens et qui avoit si bien soutenu l'arrière-garde depuis Wiazema jusqu'à Orza, 120 lieues à peu près, réunit encore ce qu'il y avoit de bayonnettes dans plusieurs corps d'armée pour continuer l'arrière-garde jusqu'à Wilna (2). Ce fut ici l'écueil du peu d'artillerie et bagages qu'il nous restoit : ils ne purent monter la côte au sortir de cette ville : les voitures de luxe même, celles qui avoient été conservées furent également laissées: on fut forcé de tout abandonner à l'ennemi (3), excepté cependant quelques pièces de canon du 2ᵉ corps qui ayant été dirigées par le général Maison (4) retardèrent je crois de deux jours leur prise:

(1) Le général Eblé, qui avait reçu l'ordre de couper les ponts, y mit le feu à 8 heures et demie du matin, le 29, après avoir fait passer le fleuve à tous ceux qui avaient pu ou voulu le faire, car beaucoup de ces malheureux, accablés par la fatigue et le froid, ne pouvaient se décider à quitter leurs bivouacs.

(2) Le maréchal Ney avait à peine réuni 300 hommes. Il arriva à Wilna le 9 décembre.

(3) On dut abandonner presque tous les fourgons du trésor qui contenaient dix millions en or et en argent, les trophées de Moscou et beaucoup de drapeaux enlevés à l'ennemi.

(4) Maison (Nicolas-Joseph), né à Epinay près Paris, le 19 décembre 1771,

il étoit sans doute écrit qu'aucune ne repasseroit le Niémen. Le brave général Maison avoit soutenu avec le 2ᵉ corps la position devant Wilna pour protéger l'évacuation, car tout le monde malades et autres s'étoient dirigés sur cette ville ; mais le froid étoit si excessif que les français pour la plus part démoralisés, comme je vous l'ai dit, ne daignoient pas profiter du moment et restoient dans les maisons plutôt que de se sauver du carnage qui eut lieu.

Quant à moi, malgré le pitoyable état où j'étois en arrivant dans cette ville, ma blessure rouverte en deux endroits, j'en partis également à 3 heures du matin avec le peu qu'il restoit de mon régiment pour marcher sur Koveno. Les russes qui nous avoient devancé nous attendoient encore sur le Niémen qui passe devant cette ville, et précisément dans ce même endroit ou 6 mois avant notre armée qui auroit fait trembler l'univers avoit effectué son passage : nous fûmes encore sauvés de ce pas dangereux par les adroites manœuvres du brave général Ney qui après avoir resté dans Koveno le tems nécessaire pour en faire sortir tout ce qui eut le courage de se remettre en marche, nous fit braver les lignes des cosaques qui nous entouroient ; il est vrai que ce fut à la faveur des ombres de la nuit : ils étoient à ce qu'on a assuré au moins deux mille et nous n'avions pas 300 bayonnettes à leur opposer : nous prîmes des traverses pour venir tomber à Konnberge (1). Nous marchions nuits et jours parmi les forests et fu-

entra au service le 22 juillet 1792 et fut élu capitaine le 1ᵉʳ août suivant. Chef de bataillon en 1796, il se distingua d'une façon particulière à la bataille d'Austerlitz et fut nommé général.

Après avoir fait la campagne d'Espagne, il vint prendre le commandement d'une brigade en Russie et fut nommé général de division après la bataille de Polotsk.

Nommé pair de France à la Restauration, il quitta Paris, dont il avait le commandement, lorsque Napoléon y rentra au retour de l'Île d'Elbe, et n'y revint qu'avec Louis XVIII.

À l'avènement de Charles X, il fut nommé au commandement de l'expédition de Morée. Après 1830 il devint ministre des affaires étrangères, puis ambassadeur à Vienne et à Saint-Pétersbourg.

Il mourut à Paris le 13 février 1840.

(1) Kolberg, ville de la province de Poméranie, sur la Persante, à 2 kilom. de son embouchure dans la mer Baltique.

rent ainsi tirés des griffes de l'ennemi ; tous ceux qui suivoient les grands chemins furent pris et pillés par leurs brigands de cosaques qui nous suivoient de suite : dans la vieille Prusse ces lâches les abandonnoient ou plutôt les livroient aux prussiens qui les maltraitoient de leur côté de la manière la plus impitoyable : il n'y a pas de vexations que nous n'ayons reçues de cette nation, jusqu'à Elbing (1) ou nous avons commencé à trouver des meilleurs cœurs encore étoit-ce chez les habitans simples et vertueux de la campagne : on ne pouvoit nous sentir dans différentes villes ou on nous a fait payer jusqu'à 3 francs une botte de paille pour nous reposer une nuit, encore souvent, sans doute par dérision, ils avoient l'air de dédaigner notre argent. J'arrivai à Marienbourg (2) le 25 décembre, jour de Noël, dans le plus misérable état du monde, après avoir marché 300 lieues avec ma blessure ouverte, une barbe épouvantable, n'ayant pas changé de linge depuis 40 jours : je n'en avois plus, ayant perdu généralement tous mes effets : il me restoit heureusement l'argent que je n'avois pas trouvé à dépenser en Russie dans mes grands besoins : on nous fit cantonner le 2ᵉ et le 3ᵉ corps dans l'île de la Noga (3) près Dantzig (4) dans les campagnes : ce fut des lieux enchantés pour moi, puisque c'est là ou je commençai à respirer. Nous ne restâmes que 12 jours tranquilles dans cette île : l'arrivée des Russes dans la Vistule (5) nous en fit déguerpir pour venir à Gustrin (6) sur

(1) Elbing, ville de Prusse, à 54 kilomètres S.-E. de Dantzig, sur l'Elbing.

(2) Marienburg, ville de Prusse, à 45 kilomètres S.-E. de Dantzig, sur la rive droite de la Nogat bras oriental de la Vistule.

(3) L'île de la Nogat est formée par la Vistule et par la Nogat, bras oriental du delta de la Vistule.

(4) Dantzig, ville de Prusse, à 407 kilomètres de Berlin, sur la Mottlau, près de la rive gauche du bras occidental de la Vistule, à 7 kilomètres de son embouchure, forteresse de premier rang, port de mer important.

(5) La Vistule prend sa source au mont Skalza en Moravie, près de Teschen et se jette dans la mer Baltique par deux bras, dont l'un passe à Dantzig, après un cours de 970 kilomètres.

Les Russes arrivèrent le 22 janvier.

(6) Küstrin, ville de Prusse de la province de Brandebourg, au confluent de la Warthe et de l'Oder.

l'Oder (1), ensuite à Berlin (2), puis à Magdebourg (3), et cependant en dernier ressort à Erfurt (4), toujours de nouvelles distinctions et jamais de repos : on nous arrêta cependant dans cette dernière ville pour former le cadre des deuxièmes bataillons de chaque régiment : beaucoup de corps n'avoient pas assez d'officiers de reste sur quatre ou cinq bataillons, pour former le cadre d'un seul : notre régiment étoit dans ce cas, car pour les capitaines nous n'étions que trois, il en falloit six : des lieutenants et sous-lieutenants y ont suppléé : il n'y avoit pas non plus la moitié des sous-officiers nécessaires pour cette formation. Vous jugerez par là, mon cher neveu, de la perte que nous avons éprouvée quoique cependant il y ait des corps qui ont beaucoup moins perdu suivant leur position dans la campagne. Ceux du maréchal Ney ont plus souffert du feu de l'ennemi : je ne crois pas trop dire en montant notre perte en général aux trois quarts de l'armée restée en Russie dont un tiers de cette perte au moins de misère, faim ou froid, un tiers par le feu de l'ennemi morts ou blessés, et l'autre tiers prisonniers (5), mais au moins la moitié de ces derniers seront morts par suite de cette même misère qui leur étoit commune à tous : ensuite tout le matériel de l'artillerie, ainsi que les chevaux, tant de cavalerie que d'artillerie, il en est fort peu revenu.

A présent, mon cher neveu, pesez tous ces malheureux détails et calculez notre perte : elle est énorme : c'est aussi cet aperçu de détresse de notre armée qui occasionne aujourd'hui l'état ou se

---

(1) L'Oder, fleuve d'Allemagne, prend sa source dans le nord de la Moravie (Autriche), près d'Olmütz : devenu navigable à Ratibor dans la Haute Silésie, il se jette dans la mer Baltique après un parcours de 860 kilomètres environ.

(2) Berlin, capitale de l'empire d'Allemagne, sur la Sprée, affluent de la Havel.

(3) Magdebourg, chef-lieu de la province de Saxe, à 124 kilomètres O.-S.-O. de Berlin, sur l'Elbe. C'est dans cette ville que mourut Lazare Carnot, le 2 août 1823.

(4) Erfürt, ville de la province de Saxe, à 133 kilomètres S.-S.-O. de Magdebourg, sur la Gera, tributaire de l'Instrut, affluent de la Saale, au pied de la forêt de Thuringe.

(5) Il n'y a aucune exagération, dit Thiers, à dire que 300,000 hommes environ moururent par le feu, par la misère ou par le froid (V. Thiers, tome XIV, p. 671).

trouve la Prusse. Les malheureux prussiens ont pensé d'abord que nous ne pouvions nous relever de longtemps, ont voulu profiter de la circonstance pour nous accabler, se joignant pour cela aux Russes, qui leur ont donné ce pernicieux conseil, en leur faisant violer cet engagement qu'ils avoient contracté avec notre empereur huit mois auparavant : ils ont bien mal jugé, les uns et les autres, de ce que pouvoit faire la France. Son réveil les anéantit de nouveau et les armées françoises arrivées à présent sur l'Oder et au moment que les habitants du pays les croyoient au delà du Rhin leur fait voir, mais trop tard, ce à quoi les français conduits par l'empereur Napoléon sont capables. J'en reviens à Erfurt ou nous avons jouis de 40 jours de repos en attendant l'arrivée des recrues qui devoient nous compléter. Vous jugerez aisément que nous avions besoin de repos : on nous a dispersés dans les villages de cette principauté : je me suis heureusement trouvé chez un brave ministre du culte luthérien qui n'a cessé de me prodiguer ses soins, ainsi que son estimable épouse et ses enfans, tout le tems que j'ai demeuré dans ce respectable asile. Aussitôt les recrues arrivées, les bataillons ont été définitivement organisés, et envoyés à Magdebourg, sous le commandement du duc de Bellune (1), maréchal Victor. Notre bataillon a été placé au confluent de la Saale (2), dans l'Elbe (3), 8 lieues au-dessus de Magde-

(1) Victor (Claude-Victor Perrin dit), né le 7 décembre 1764, à Lamarche (Vosges), entra au service le 16 octobre 1781, puis se retira à Valence (Drôme) jusqu'en 1792. Elu capitaine dans le bataillon des volontaires des Bouches-du-Rhône, il vint au siège de Toulon et se fit remarquer par le général Bonaparte.

Général en Italie, il se distingua à Marengo, fut blessé à Iéna et nommé maréchal après Friedland, et un peu après duc de Bellune. Après avoir fait la campagne d'Espagne il fut envoyé en Russie pour prendre le commandement du 9e corps, et prit part à la campagne de France.

A la restauration, il prit le commandement de la 2e division militaire et suivit Louis XVIII à Gand. Après les cent jours il devint major-général de la garde puis ministre de la guerre, le 14 décembre 1821.

Il mourut le 1er mars 1841.

(2) La Saale, affluent de l'Elbe, prend sa source dans la Fichtelgeberge, en Bavière, et se jette dans l'Elbe, à 11 kilomètres S.-O. de Zerbst, après un parcours d'environ 400 kilomètres.

(3) L'Elbe, fleuve de Bohême et d'Allemagne, prend sa source sur la limite

bourg, pour y garder la défensive jusqu'au 13 mai que le corps deuxième de la grande armée s'est remis à Bernebourg (1) d'Anhalt, Deffau (2), pour marcher en avant : la droite de l'armée avoit commencé son mouvement hostile dès le 1er du mois et l'avantage que lui a donné la bataille de Lutzen (3) lui a fait prendre un vol très rapide : deux batailles seulement et plusieurs combats ont décidé de suite le sort de cette campagne : l'ennemi a toujours été battu et mis en déroute : les meilleures troupes russes et prussiennes ont considérablement souffert. Notre armée n'a pas moins perdu, mais la plus grande partie en blessés qui, par l'avantage des ressources que le pays offre, seront beaucoup mieux traités que ceux de l'année dernière, ce qui fera que la moitié de ces blessés seront bientôt en état de rentrer dans leur rang. Le 2me corps dont je fais partie n'a pour ainsi dire fait que suivre le mouvement de l'armée, c'est-à-dire la droite ou étoit l'empereur, et par conséquent ou se sont passés les grands événements ; notre corps est arrivé de cette manière sur l'Oder sans tirer un coup de fusil. La gauche de l'armée commandée par le prince d'Ekmul et le général Vandame (4) n'est pas arrivée à notre hauteur, retenue longtems devant Hambourg (5) : elle ne venoit que de se rendre

de la Bohême et de la Silésie. Navigable depuis Schandan, il se jette dans la mer du Nord après un parcours d'environ 1100 kilomètres.

(1) Bernburg, ville du duché d'Anhalt, sur la rive gauche de la Saale.

(2) Dessau, capitale du duché d'Anhalt, à 126 kilomètres S.-O. de Berlin, sur la Mulde, affluent de l'Elbe.

(3) Lutzen, ville de la province de Saxe, sur l'Elster, à 19 kilomètres S.-O. de Leipsick. La bataille de Lutzen, du 2 mai 1813, eut lieu près du petit village de Grossgœrochen.

(4) Vandamme (Dominique-Joseph), né à Cassel le 5 novembre 1770 entra au service le 8 juillet 1788 et reçut son congé en 1792. Peu après il forma une compagnie franche dont il eut le commandement. Général en 1793, divisionnaire en 1799 il se distingua dans toutes les guerres de l'Empire.

Pair de France pendant les cent jours, il dut s'expatrier à la seconde restauration ; il mourut à Cassel le 15 juillet 1830.

(5) Hambourg, ville libre du N.-O. de l'Allemagne, à 286 kilomètres de Berlin, sur l'Elbe, et à 110 kilomètres de son embouchure dans la mer du Nord.

Le 31 mai 1813 le maréchal Davout, prince d'Eckmül et le général Vandame

maître de cette ville ainsi que de Lubeck (1) lorsque les hostilités ont cessé. Vous pourréz voir le détail des mouvements opérés dans cette campagne par une lettre que j'envoyai à mon frère dernièrement : toute l'armée de droite est cantonnée en Silésie puisque nous jouissons depuis dix jours d'une suspension d'armes accordée entre les empereurs de France et de Russie : un congrès convoqué dit-on à Prague (2) en Bohême, par l'empereur d'Autriche, ou l'on dit qu'une grande partie des souverains de l'Europe doivent se trouver. On croit que la solution nous annoncera la paix : puisse ce glorieux événement être conclu de suite et ramener, dans l'Europe affligée, le bonheur et la joie pour en bannir pour jamais le malheur et la désolation causés par une aussi longue guerre. Ainsi soit-il !!!

Tout ce que je vous dis est la vérité pure, c'est pourquoi je vous prie d'en ménager la lecture à ceux qui auroient malheureusement des enfans perdus en Russie.

Adieu, mon cher neveu, je vous embrasse sincèrement et suis votre affectionné oncle et ami.

PRÉTET,

Capitaine au 93e de Ligne, 2e bataillon.

y établirent leur quartier général et ne rendirent la ville qu'après l'abdication de Napoléon Ier et sur l'ordre écrit de Louis XVIII.

(1) Lubeck, ancienne ville hanséatique, à 235 kilomètres N.-O. de Berlin et à 60 N.-E. de Hambourg, sur la rive droite de la Trave qui se jette dans la mer Baltique au golfe de Neustadt.

(2) Prague, ville forte de l'Austro-Hongrie, capitale de la Bohême. C'est dans cette ville que se tint, le 5 juillet 1813, le congrès dans lequel l'empereur d'Autriche François Ier se décida à se joindre à la coalition européenne contre son gendre Napoléon Ier. Le 23 août 1866, fut signé le traité de paix entre la Prusse et l'Autriche.

————————

Jean Prétet, auteur de la lettre que l'on vient de lire, est un bourguignon : il naquit à Chamblanc (1), canton de Seurre (2), ainsi que le constate son acte de naissance, extrait des registres paroissiaux de cette commune.

« Jean, fils de Pierre Prétet et de Françoise Chigoulet, est né
« de légitime mariage le dix-sept juin mil sept cent soixante et
« treize, et baptizé le mesme jour par le soussigné curé, sur les
« saints fonts baptismaux de l'église Notre-Dame de Chamblanc :
« il a eu pour parrain Jean Davaux et pour marraine Claudine
« Parisot illeterrée. »

   « Signé : Jean Davaux, C. Vauchet, Vermot, curé. »

On ne sait pas exactement combien il eut de frères ou sœurs : les registres paroissiaux de Chamblanc en mentionnent trois :

1° Anne, née le 21 mai 1763 et décédée le 5 septembre 1764.

2° Jeanne, née le 5 septembre 1765.

3° François, né le 15 septembre 1770.

Les états de service de Jean Prétet, extraits des archives du Ministère de la guerre, nous donnent l'historique complet de sa vie militaire.

En voici la copie :

Réquisitionnaire le 22 septembre 1793, et incorporé au 10ᵉ bataillon de la Côte-d'Or (3), devenu 207ᵉ demi-brigade, puis 41ᵉ et 93ᵉ régiment d'infanterie de ligne.

(1) Commune de 560 habitants à 1200 mètres de la rive gauche de la Saône et à 3 kilomètres de Seurre.

(2) Chef-lieu de canton de l'arrondissement de Beaune, sur la rive gauche de la Saône.

(3) Le 4 août 1791, l'assemblée constituante décréta la création de 169 bataillons de volontaires pris dans les rangs de la garde nationale.

L'effectif du bataillon était de 574 hommes, état-major compris. Il était

Caporal le 13 février 1794 ;

Sergent le 17 juin 1797 ;

Sergent-major le 16 février 1806 ;

Adjudant sous-officier le 1er juillet 1808 ;

Sous-lieutenant le 29 novembre 1808 ;

Lieutenant le 24 août 1809 ;

Capitaine le 19 mai 1811 ;

Mis en non activité par suite de licenciement, le 20 septembre 1815 ;

Retraité pour ancienneté de service par ordonnance du 18 août 1816.

CAMPAGNES

1794-1795-1796. Armées du Rhin et du Rhin-et-Moselle ;

1797-1798-1799-1800. Armée d'Italie ;

1801. Corps d'observation de la Gironde ;

1807. Grande armée ;

1809. Armée d'Allemagne ;

1810. Hollande.

commandé par un premier et un second lieutenant-colonel nommés par tout le bataillon. Les autres officiers et les sous-officiers étaient choisis dans chaque compagnie.

Le département de la Côte-d'Or en fournit treize : ils furent formés à différentes époques et devinrent ensuite des régiments de ligne, ou demi-brigades.

Le 1er formé le	27 août 1791	devint la	146e	
Le 2e —	1er sept. 1791	—	117e	
Le 3e —	25 août 1792	—	87e	
Le 4e —	14 août 1792	—	159e	
Le 5e —	16 sept. 1792	—	3e	
Le 6e —	24 octobre 1792	—	13e légère	
Le 6e bis —	14 sept. 1792	—	200e	
Le 8e —	23 juil. 1793	—	60e	
Le 9e —	20 vendémiaire an II —	47e		
Le 10e —	19 sept. 1793	—	207e	
Le 10e bis —	9 sept. 1793	—	199e bis	
Le 11e —	12 vendémiaire an II —	21e bis		
Le 17e —	9 brumaire an II —	75e		

(Clément-Janin, *les Volontaires de la Côte-d'Or*).

1812. Russie.

1813. Saxe.

1814-1815. France.

BLESSURES

Blessé à la jambe droite, le 11 août 1796, au combat de la montagne Noire (1).

Coup de feu à la tête, le 15 août 1799, à la bataille de Novi (2).

Coup de feu à la cuisse droite, le 7 septembre 1812, à la bataille de la Moskowa.

Coup de crosse de fusil ayant fracassé le cubitus et luxé le poignet, dans un carré de l'ennemi, devant Dresde (3), le 27 août 1813.

Coup de feu à la cuisse droite le 16 octobre 1813, à la bataille de Leipzig (4).

DÉCORATIONS

Membre de la Légion d'honneur le 26 août 1812 (5).

Officier le 19 novembre 1813.

Retraité le 18 août 1816, le capitaine Prétet se retira à Seurre avec son ordonnance qu'il avait ramené du régiment, et qui ne

---

(1) Le combat eut lieu près de Neresheim sur la route d'Ulm à Nordlingen. L'armée française commandée par Moreau (armée du Rhin-et-Moselle) battit l'armée autrichienne commandée par l'archiduc Charles.

(2) Novi, ville de Piémont, province d'Alexandrie. L'armée française, commandée par Joubert et forte d'environ 40.000 hommes, eut à lutter contre l'armée austro-russe de Souvaroff et Mélas forte d'environ 60.000 hommes. Joubert, tué dès le début de l'action, fut remplacé par Moreau. Les Français, après avoir perdu environ 10.000 hommes, durent se retirer sur leurs positions primitives.

(3) Dresde, ville de l'Allemagne centrale, sur l'Elbe. La bataille des 26-27 août 1813 fut gagnée par Napoléon, sur les Autrichiens, les Russes et les Prussiens coalisés.

(4) Leipzig, ville de l'Allemagne centrale, au confluent de la Pleisse et de la Parthe avec la Weisse-Elster, affluent de la Saale.

(5) Le capitaine fut décoré à la suite du combat de Valontina (19 août 1812).

le quitta jamais. Ce soldat étant mort, une sœur du capitaine, qui était veuve et résidait à Chamblanc, vint habiter avec lui.

Il ne songea pas à se marier et vécut entouré de ses neveux et petits neveux qui avaient pour lui une sincère affection (1).

Plusieurs d'entre eux existent encore aujourd'hui ; ils n'ont pas oublié ses conseils et ses avis et le plaisir qu'ils avaient à l'écouter.

Conseiller municipal pendant de longues années, il se fit toujours remarquer par son jugement droit, son caractère affable, et son extrême prudence, aussi bien dans ses paroles que dans ses actions.

Estimé et souvent consulté par ses compatriotes, il était bienveillant pour tous ceux qui s'adressaient à lui : encourageant les bonnes œuvres il était toujours à la tête des institutions charitables de la ville (2).

Il mourut à Seurre le 10 septembre 1848 : inhumé au cimetière de cette ville, ses parents et ses amis lui firent élever un monument qui porte l'inscription suivante :

A JEAN PRETET,

EX-CAPITAINE DE GRENADIERS AU 93^e

RÉGIMENT DE LIGNE,

NÉ A CHAMBLANC LE 17 JUIN 1773,

DÉCÉDÉ A SEURRE LE 10 SEPTEMBRE 1848,

OFFICIER DE LA LÉGION D'HONNEUR,

SOLDAT COURAGEUX, ADMINISTRATEUR INTÈGRE,

IL LAISSE A SES PARENTS ET AMIS

DES REGRETS ÉTERNELS.

(1) La famille Monnot, qui descend du neveu du capitaine, dont il parle dans sa lettre, existe encore aujourd'hui à Tichey (canton de Seurre), lieu d'origine de Françoise Chigolet, mère du capitaine.

(2) Nous devons ces renseignements à l'obligeance de M. Edmond Javouhey, lieutenant au 60e régiment territorial, arrière petit-neveu du capitaine Prétet, et habitant aujourd'hui à Chamblanc.

Dijon, imp. Darantiere.